PARAMAHANSA YOGANANDA
(1893–1952)

Gurun ja oppilaan suhde

Kirjoittanut
Sri Mrinalini Mata

"Kuinka elää" -sarja
nro 1967

Englanninkielinen alkuteos: *The Guru-Disciple Relationship*,
julkaissut *Self-Realization Fellowship*, Los Angeles, Kalifornia

ISBN-13: 978-0-87612-360-7
ISBN-10: 0-87612-360-4

Suomentanut Self-Realization Fellowship

Copyright © 2018 Self-Realization Fellowship

Kaikki oikeudet pidätetään. Lukuun ottamatta lyhyitä kirja-arvioinneissa käytettäviä lainauksia mitään osaa kirjasta *Gurun ja oppilaan suhde (The Guru-Disciple Relationship)* ei saa jäljentää, varastoida, välittää tai esittää missään muodossa eikä millään nykyään tunnetulla tai myöhemmin käyttöön otettavalla menetelmällä (sähköisesti, mekaanisesti tai muuten) – mukaan lukien valokopiointi, äänittäminen, tietojen tallennus- ja tulostusmenetelmät – ilman ennalta pyydettyä lupaa osoitteesta: Self-Realization Fellowship, 3880 San Rafael Avenue, Los Angeles, California 90065–3219, U.S.A.

 Self-Realization Fellowship -järjestön kansainvälisen julkaisuneuvoston hyväksymä

Self-Realization Fellowship -nimi ja yllä nähtävä tunnus esiintyvät kaikissa SRF:n kirjoissa, äänitteissä ja muissa julkaisuissa varmistamassa, että ne ovat Paramahansa Yoganandan perustaman järjestön tuottamia ja seuraavat uskollisesti hänen opetuksiaan.

Ensimmäinen suomenkielinen painos 2018
First edition in Finnish, 2018
Tämä painatus: 2018
This Printing: 2018

ISBN-13: 978-0-87612-808-4
ISBN-10: 0-87612-808-8

1967-J5311

— ✧ —

On olemassa Voima,

joka valaisee tiesi

terveyteen, onneen,

rauhaan ja menestykseen,

jos vain käännyt tätä valoa kohti.

— Paramahansa Yogananda

— ✧ —

Gurun ja oppilaan suhde

KIRJOITTANUT SRI MRINALINI MATA

Self-Realization Fellowship / Yogoda Satsanga -järjestön varapresidentin puhe SRF / YSS:n 50-vuotisjuhlakonvokaatiossa, Los Angeles, 7. heinäkuuta 1970

Jumala lähetti meidät tähän maailmaan näyttelemään jumalallista näytelmää. Herran yksilöllisinä kuvina elämällämme on erityinen tarkoitus: oppia, ja oppimisen kautta kasvaa, sekä jatkuvan kasvun kautta ilmaista lopulta tosi luontomme ja palata alkuperäiseen tilaamme, ykseyteen Jumalan kanssa.

Kun aloitamme maallisen seikkailumme lapsisieluina, saamme tietoa aluksi yritysten ja erehdysten kautta. Suoritamme jonkin teon, ja jos se johtaa hyviin tuloksiin, toistamme sen. Mutta teon tuottaessa kärsimystä pyrimme sittemmin välttämään sitä.

Seuraavaksi opimme käyttämään hyväksemme muiden esimerkkiä. Havainnoimme perheemme, ystäviemme ja yhteisöömme kuuluvien käyttäytymistä ja hyödymme heidän virheidensä ja onnistumistensa erittelemisestä.

Kokemuksemme johdattavat meitä yhä eteenpäin. Etsimme syvempää ymmärrystä maallisesta elämästämme, kunnes jokaiselle meistä koittaa aika, jolloin alamme vakavissamme etsiä Totuutta. Henkilö, jonka tietoisuus on edennyt tähän pisteeseen, kysyy itseltään: "Mitä elämä on?" "Mitä minä olen?" "Mistä olen tullut?" Ja Herra vastaa etsijälle johdattamalla hänet opettajan luo tai sellaisten uskonnollisten tai filosofisten kirjojen ääreen, jotka tyydyttävät ensimmäisen ymmärryksen janon. Omaksuessaan tietoa toisilta etsijän ymmärrys aukeaa ja hänen hengellinen kehityksensä nopeutuu. Hän pääsee hieman lähemmäksi Totuutta eli Jumalaa.

Lopulta tämäkään tieto ei enää riitä. Hän alkaa kaivata omakohtaista Totuuden oivaltamista. Sielu hänen sisimmässään havahduttaa hänet ajattelemaan: "Tämä maailma ei varmastikaan ole kotini! Enkä ole pelkästään tämä fyysinen keho; tämä keho voi olla ainoastaan väliaikainen vankila. Elämässä täytyy olla jotain paljon enemmän, kuin mitä aistini havaitsevat, jotain, mitä on olemassa haudan tuolla puolen. Olen lukenut Totuudesta; olen kuullut Totuudesta. Nyt minun on saatava tietää!"

Vastatakseen lapsensa tuskaiseen huutoon laupias Herra lähettää valaistuneen opettajan, oikean gurun, Itsen oivaltaneen, joka tietää Itsen olevan Henki. Tällaisen gurun elämässä Jumala ilmenee esteettä.

Aidon gurun määritelmä

Swami Shankara[1] kuvaili gurua näin: "Todellisen gurun vertaista ei ole näissä kolmessa maailmassa. Mikäli viisasten kiven ajatellaan olevan oikea viisasten kivi, se voi ainoastaan muuttaa raudan kullaksi mutta ei toiseksi viisasten kiveksi. Tällainen kunnioitettu opettaja taas muuttaa hänen turviinsa hakeutuvan oppilaan yhdenvertaiseksi hänen kanssaan. Siksi guru on vailla vertaa – eikä ainoastaan vailla vertaa vaan transsendentaalinen."

Paramahansa Yogananda, Self-Realization Fellowshipin guru-perustaja, sanoi: "Guru on herännyt Jumala, joka herättää oppilaassa nukkuvan Jumalan. Myötätunnon ja syvällisen näkemyksen avulla oikea guru näkee Herran itsensä kärsivän fyysisesti, henkisesti ja hengellisesti heikoissa. Siksi hän kokee, että hänen riemukas velvollisuutensa on auttaa heitä. Puutteenalaisissa hän pyrkii ruokkimaan nälkäisen Jumalan, tietämättömissä ravistelemaan nukkuvaa Jumalaa, vihollisissa rakastamaan tiedotonta Jumalaa ja kaipaavassa palvojassa havahduttamaan puoliksi hereillä olevan Jumalan. Edistyneessä etsijässä hän lempeällä rakkauden

---

[1] Intian merkittävin filosofi. Hän uudisti Intian ikivanhan svami-munkkikunnan (seitsemänsataa-luvulla tai kahdeksansataa-luvun alkupuolella). Swami Shankara oli pyhimyksen, oppineen ja toiminnan miehen harvinaislaatuinen yhdistelmä.

kosketuksellaan herättää välittömästi lähes täysin heränneen Jumalan. Kaikista ihmisistä guru on suurenmoisin antaja. Niin kuin Herran, hänenkään anteliaisuudellaan ei ole rajoja."

Näin Paramahansa Yogananda kuvasi aidon gurun pohjatonta ymmärrystä, ääretöntä rakkautta, kaikkialle ulottuvaa ja kaikkea syleilevää tietoisuutta. Ne *chelat* (oppilaat), joilla oli etuoikeus tuntea Paramahansaji[2], näkivät näiden ominaisuuksien ilmenevän hänessä täydellisesti.

Gurun ja oppilaan suhde

Tämä Jumalan luoma maailmankaikkeus toimii täsmällisen kosmisen lain mukaisesti, ja guru–oppilas-suhde on juurtunut tähän lakiin. On jumalallisesti säädetty, että oikea guru esittelee Jumalalle hänet, joka etsii Jumalaa. Kun oppilas hartaasti haluaa tuntea Jumalan, hänen gurunsa saapuu. Vain se, joka tuntee Jumalan, voi luvata oppilaalle: "Minä esittelen sinut Hänelle." Tosi guru on jo löytänyt Jumalan, siksi hän voi sanoa *chelalle*: "Tartu käteeni, näytän sinulle tien."

Guru–oppilas-suhde käsittää oikean toiminnan opetukset ja periaatteet. Niitä oppilaan tulee noudattaa valmistaakseen itsensä Jumalan tuntemiseen.

[2] "Ji" on kunnioittava pääte, joka Intiassa liitetään nimiin ja nimikkeisiin.

Kun oppilas gurun avulla täydellistää itsensä, jumalallinen laki täyttyy, ja guru esittelee hänet Jumalalle.

Uskollisuus gurua ja hänen opetuksiaan kohtaan.

Ensimmäinen lähtökohta gurun ja *chelan* välisessä sopimuksessa on uskollisuus.

Ego, pienen "minän" tietoisuus ja itsetärkeys, on juuri se, mikä pitää meidät erossa Jumalasta. Karkota ego, ja siinä samassa oivallat, että olet, olet aina ollut ja tulet aina olemaan yhtä Jumalan kanssa. Ego on harhan pilvi, joka ympäröi sielua peittäen ja hämärtäen sielun puhtaan tietoisuuden loputtomilla väärinkäsityksillä oman itsen ja maailman luonteesta. Yksi egon aiheuttaman harhan vaikutuksista on epävakaisuus. Kun totuudenetsijä alkaa ilmentää jumalallisia sielunlaatuja, hän karkottaa mielestään tämän epäluotettavan taipumuksen, joka kuuluu ihmisluontoon, ja hänestä kehkeytyy luotettava ja ymmärtäväinen ihminen.

Uskollisuus gurua kohtaan on yksi kaikkein tärkeimmistä askelista guru–oppilas-suhteessa. Useimmat eivät ole oppineet olemaan uskollisia edes omalle perheelleen, miehelleen, vaimolleen tai ystävälleen. Siksi ei aina ymmärretä, mitä tarkoitetaan uskollisuudella gurua kohtaan. Ollakseen oikea oppilas *chelan* täytyy olla uskollinen Jumalan lähettämälle gurulle: hänen tulee noudattaa gurun opetuksia hartaasti ja keskittyä niihin täysin.

Uskollisuus ei ole rajoittuneisuutta. Sydän, joka on uskollinen Jumalalle ja Hänen edustajalleen on jalomielinen, ymmärtäväinen ja myötätuntoinen kaikkia olentoja kohtaan. Pysyen kokonaan keskittyneenä pyyteettömään uskollisuuteen omaa gurua ja hänen opetuksiaan kohtaan, oppilas näkee kaikki muut totuuden ilmentymät oikeassa perspektiivissä osoittaen niille asianmukaista arvostusta ja kunnioitusta.

Paramahansaji puhui usein tästä aiheesta. Hän sanoi: "Monet ovat huolissaan – ennen kuin ovat oppineet olemaan tasapainoisia – että heistä tulee ahdasmielisiä. Toivoessaan vaikuttavansa avarakatseisilta pinnalliset etsijät omaksuvat harkitsematta eriäviä ajatuksia ilman, että ensin oivaltaen erottaisivat niiden sisältämän olennaisen totuuden. Tuloksena on hengellisesti heikko, ponneton tietoisuus. Vaikka suhtaudun rakastaen kaikkiin tosi uskontoihin ja aitoihin hengellisiin opettajiin, huomaatte, että olen täydellisen uskollinen omalle tielleni."

"Kaikki tosi uskonnot johtavat Jumalan luo", hän sanoi. "Etsi, kunnes löydät hengellisen opetuksen, joka vetää sinua puoleensa ja saa sydämesi täysin vakuuttuneeksi. Kun olet löytänyt sen, älä anna minkään enää horjuttaa uskollisuuttasi. Anna koko huomiosi tälle tielle. Keskity siihen koko tietoisuudellasi, ja löydät etsimäsi tulokset."

Puhuessaan uskollisuudesta Gurudeva[3] Paramahansaji käytti toisinaan seuraavanlaista rinnastusta: "Jos sairastat, menet lääkäriin, ja hän antaa sinulle lääkettä parantaakseen tautisi. Viet lääkkeen kotiin ja käytät sitä lääkärin antamien ohjeiden mukaan. Kun ystäväsi tulevat katsomaan sinua ja kerrot heille minkälaista tautia podet, todennäköisesti jokainen heistä huudahtaa: 'Oi, tiedän kaiken tuosta sairaudesta! Sinun täytyy ehdottomasti kokeilla sellaista ja sellaista parannuskeinoa.' Jos kymmenen henkilöä suosittaa sinulle kymmentä erilaista parannusmenetelmää, ja kokeilet niitä kaikkia, tuskin paranet. Saman periaatteen mukaisesti on tärkeä pysyä uskollisena Gurun antamille opetuksille. Älä sekoita hengellisiä parannuskeinoja."

Hengellinen uskollisuus tarkoittaa, että oppilas kokoaa hajaantuneen huomionsa, rakkautensa ja pyrkimyksensä, ja keskittää ne kaikki yksinomaan hengelliseen päämäärään. Uskollinen oppilas vaeltaa joutuin Jumalan luo. Paramahansaji kertoi gurun roolista näin: "Pystyn auttamaan sinua paremmin, jos et hajauttamalla heikennä voimiasi. Yhteys guruun seuraa sataprosenttisesta uskollisuudesta

---

[3] "Jumalallinen opettaja"; se on tavanomainen sanskritinkielinen termi hengellisestä opettajasta.

häntä, hänen työtovereitaan ja toimintaansa kohtaan ja hänen ohjeidensa innokkaasta noudattamisesta (oli se sitten sanallista tai kirjoitettua opastusta), samoin hänen visualisoimisestaan hengellisessä silmässä sekä pyyteettömän antaumuksen kautta – –. Niiden sieluihin, jotka ovat virittyneet häneen, guru voi pystyttää Jumalan temppelin." Ponnistusten keskittäminen tehokkaasti Jumalan etsintään on mahdollista ainoastaan uskollisuuden avulla. Jumalallinen rakkaus magnetoi uskollisen oppilaan tietoisuuden, ja näin tietoisuus tulee vastustamattomasti vedetyksi Jumalan puoleen.

Kuuliaisuus kehittää arvostelukykyä

Kuuliaisuus eli antautuminen gurun ohjaukseen on guru–oppilas-suhteen toinen perusperiaate. Miksi tällainen jumalallinen käsky? Meidän täytyy oppia olemaan kuuliaisia korkeammalle viisaudelle voittaaksemme egon kompastuskiven ja sen luomat harhat. Lukemattomien inkarnaatioiden ajan – niistä ajoista alkaen, jolloin olimme kaikkein tietämättömimpiä ihmiskunnan jäseniä – egomme on ohjannut elämäämme. Ego on tunteittemme ja aistinautintoihin takertumisemme kautta sanellut käyttäytymisemme, aikeemme, sympatiamme ja antipatiamme. Ego alistaa tahtomme ja sitoo tietoisuutemme rajalliseen ihmismuotoon.

Mielialojen vaihtelut, emootioiden aallot, alituiseen muuttuvat halut ja vastenmielisyydet ruokkivat tietoisuuttamme jatkuvasti erilaisilla tunteilla. Se, mistä tänään erityisesti pidämme, voi huomenna tuntua aivan toiselta ja niin alamme tavoitella jotakin muuta. Tällainen horjuva tietoisuus tekee meidät sokeiksi Totuuden oivaltamiselle.

Chelan kouluttamisen perusedellytys on, että hän pystyy alistamaan harjoittamattoman ja ailahtelevan tahtonsa kuuliaiseksi gurun viisaudelle – luovuttamaan itsekeskeisen tahtonsa jumalallisesti virittyneen gurun tahtoon. Oppilas, joka näin tekee, murtaa rajoittavan egon vahvan otteen. Kun Paramahansaji saapui Swami Sri Yukteswarin ashramiin oppilaana, hänen gurunsa melkein välittömästi esitti seuraavanlaisen vaatimuksen: "Alistu minun kuriini, sillä tahdonvapaus ei tarkoita ennen ja jälkeen syntymää muodostuneiden tapojen tai mielen oikkujen mukaan toimimista, vaan toimimista viisauden ja vapaan valinnan pohjalta. Jos virität tahtosi yhteen minun tahtoni kanssa, löydät vapauden."

Kuinka oppilas saattaa tahtonsa sopusointuun gurun tahdon kanssa? Jokaisella hengellisellä polulla on omat opastavat ja kieltävät sääntönsä. *Sadhana* on intialainen termi hengelliselle harjoittelulle; se käsittää ne "käskyt ja kiellot", jotka guru on antanut ja jotka ovat välttämättömiä *chelalle* hänen Jumalan etsinnässään. Noudattamalla näitä käskyjä tosissaan ja parhaan kykynsä mukaan sekä pyrkimällä jatkuvasti miellyttämään gurua oikealla käytöksellä oppilas hajottaa jokaisen egon pystyttämän esteen oman tahtonsa ja gurun viisaissa ohjeissaan ilmaiseman tahdon väliltä.

Toimiessaan gurun ohjeiden mukaan oppilas huomaa tahtonsa vähitellen vapautuvan orjuuttavista egoistisista haluista, tavoista ja mielentiloista. Mieli, joka kerran oli kovin levoton ja oikullinen, tulee vakaaksi ja sen keskittymiskyky paranee. Keskittymiskyvyn takia oppilaan näkemykset kirkastuvat. Väärinkäsitysten ja hämmennysten verhot haihtuvat yksi toisensa jälkeen. Lukemattomat erheelliset teot, jotka aikoinaan tuntuivat oikeilta mutta johtivat vain kärsimykseen, näkyvät yht'äkkiä totuuden häikäisevästä perspektiivistä. Oppilas *tietää*, mikä on oikein ja mikä on totta; hän näkee eron hyvän ja pahan välillä. Paramahansaji opetti, että arvostelukykyyn perustuva käytös on sen tekemistä, mikä täytyy tehdä, silloin, kun se on tehtävä.

Edetäkseen hengellisellä polulla Jumalan palvojan täytyy kehittää arvostelukykyä, muuten hänen vaistonsa, mielialansa, tapansa ja menneisyyden tunneperäiset taipumuksensa – jotka kaikki ovat kasaantuneet inkarnaatioiden ajan – johtavat häntä edelleen harhaan.

Ennen kuin oppilaan arvostelukyky on täysin kehittynyt, kuuliaisuus ja antautuminen gurun ohjaukselle ovat *chelan* ainoa toivo pelastua. Gurun arvostelukyky pelastaa hänet. *Bhagavadgita* (IV:36) opettaa, että viisauden lautta vie jopa kaikkein suurimman synnintekijän harhan meren yli. Noudattamalla gurun antamaa *sadhanaa*, oppilas rakentaa viisaudesta oman hengenpelastuslauttansa.

Oppilaan kuuliaisuuden tulee olla vilpitöntä ja hänen tulee antautua siihen täydestä sydämestään. On mieletöntä antaa gurulle tyhjä lupaus antautumuksesta ja käyttäytyä edelleen egon huonojen tottumusten sanelemien määräysten mukaan. Vain se on häviäjä, joka pettää hengellisellä tiellä kilvoittelussa.

Gurudeva antoi *cheloille*, jotka pyysivät hänen koulutustaan, tämän yksinkertaisen ohjeen: "Rukoile aina, että voit miellyttää Jumalaa ja gurua kaikin tavoin." Nämä sanat käsittävät koko *sadhanan*. Niiden täytäntöön saattaminen ei kuitenkaan ole helppoa. Jumalan ja gurun miellyttäminen edellyttää muutakin kuin vain Jumalan, gurun ja hengellisen polun passiivista rakastamista ja arvostamista. Vaikka tämä rukous tulisi suoraan sydämestä, se ei sinällään ole kyllin Jumalan tai gurun miellyttämiseksi. Paramahansaji sanoi meille usein, että hänestä ei ollut mieluisaa kuulla ihmisten huudahtavan: "Ylistäkää

Jumalaa! Ylistäkää Jumalaa!", ikään kuin Herra olisi kuin hemmoteltu, hieno nainen, joka rakastaa imartelua. "Se ei miellytä Jumalaa", hänellä oli tapana sanoa. "Jumala itkee vuoksemme ja kaikkien Hänen lastensa vuoksi, jotka ovat eksyneet ja kärsivät harhan pimeydessä." Jumala ja guru tahtovat vain korkeinta hyväämme: että vapaudumme tästä hämmentävien epävakaisuuksien maailmasta, jossa vuorottelevat sairaus ja terveys, ilo ja tuska, onnellisuus ja suru, ja että löydämme turvapaikan muuttumattoman Hengen alati uudessa ilossa.

Siksi käyttäytymällä oikein miellytämme Jumalaa ja gurua, sillä oikea käyttäytymisemme antaa Heille mahdollisuuden lahjoittaa meille pelastus. Jatkuva oikea käytös tulee puolestaan mahdolliseksi vasta harjoittaessamme kuuliaisuutta ja antautumista Jumalalle Hänen kanavansa, gurun, kautta.

Kunnioitus ja nöyryys Jumalan edustajan edessä

Self-Realization Fellowshipin[4] temppeleiden alttareilla on asetettuna Jeesus Kristuksen, Bhagavan Krishnan, *paramgurujemme* Mahavatar Babajin, Lahiri

---

[4] Kirjaimellisesti "Itse-oivalluksen yhteisö". Paramahansa Yogananda on selittänyt, että Self-Realization Fellowship -nimi merkitsee yhteyttä Jumalan kanssa Itse-oivalluksen avulla ja ystävyyttä kaikkien totuutta etsivien sielujen kanssa.

Mahasayan ja Sri Yukteswarin ja oman gurumme Paramahansa Yoganandan kuvat. Näin osoitamme heille kunnioitusta ja antaumusta, koska he ovat Jumalan välineinä saattaneet Self-Realization Fellowshipin opetukset maailmaan. Arvostus korkeimmassa muodossaan on kunnioitusta, ja kunnioitus on toinen tärkeä jumalallisen lain aspekti, joka johdattaa Jumala-oivallukseen guru–oppilas-suhteen kautta.

Miten vähän kunnioitusta tänä päivänä osoitetaankaan Jumalaa tai ihmistä kohtaan! Monet vaikeuksissa olevat nuoret eivät enää kunnioita iän tuomaa viisautta, yhteiskuntajärjestystä ja – tämän seurauksena – itseään. Itsekunnioituksen kadotessa rappio alkaa. Aito kunnioitus itseä ja muita kohtaan syntyy oman jumalallisen alkuperän ymmärtämisestä. Se, joka tuntee itsensä Itsenä – Hengen liekin yksilöllisenä kipinänä – tietää myös, että jokainen ihminen on niin ikään Hengen ilmentymä. Iloiten ja kunnioittaen hän kumartaa jokaisessa piilevälle Jumalalle.

Viljelemällä kunnioitusta gurua kohtaan Jumalan edustajana ja lähimmäisiään kohtaan Jumalan kuvina, oppilas auttaa itseään kasvamaan hengellisesti. Kunnioittavasta asenteesta gurua kohtaan seuraa vastaanottavaisuus Jumalalle gurun välityksellä. Vastaanottavaisuudesta seuraa sen ymmärtäminen, mikä on totta ja jaloa, ja tämä puolestaan johtaa syvään kunnioituksen tunteeseen Jumalaa ja gurua kohtaan. Kun pystymme lopulta sydämessämme sekä fyysisesti kumartamaan Jollekin muulle kuin egolle, meissä tapahtuu muutos: tulemme nöyriksi. Egomme on kuin luja, läpitunkematon vankilanmuuri sielun ympärillä, sielun, joka on tosi luontomme. Ainoa voima, joka pystyy hajottamaan tämän muurin, on nöyryys.

Te, jotka olette lukeneet *Joogin omaelämäkerran (Autobiography of a Yogi)* muistanette, että kun Lahiri Mahasaya näki *mahavatarin,* Babajin, pesemässä tavallisen *sadhun* jalkoja *kumbhamelassa*[5], se ihmetytti häntä. "Guruji", hän huudahti, "mitä te teette täällä?"

"Pesen tämän maailmasta kieltäytyjän jalkoja", Babaji vastasi, "ja sitten puhdistan hänen ruokailuvälineensä. Opettelen hyveistä suurinta, joka miellyttää Jumalaa enemmän kuin mikään muu – nöyryyttä."

Nöyrän viisaus tunnustaa sen Yhden, joka on suurempi kuin me. Useimmat palvovat ego-itseä. Kun kilvoittelija sen sijaan kumartaa suuremman Itsen ideaalille ja gurulle – joka on Jumalan väline ja jonka apua hän anoo oivaltaakseen tuon Itsen – hän saavuttaa tarvittavan nöyryyden, ja sen avulla hän pystyy murskaamaan egon rakentaman vankilanmuurin. Tällöin hän löytää sisimmästään alati

---

[5] Uskonnollinen juhla, johon osallistuu tuhansia askeetteja ja pyhiinvaeltajia.

laajenevan jumalallisen tietoisuuden, joka kumpuaa tästä suuremmasta Itsestä.

Nöyrä ihminen on aidosti tyyni ja iloinen. Hänen tyyneyttään ei häiritse inhimillisen käytöksen ja rakkauden epävakaisuus. Ystävyyden häilyvyys tai aseman ja turvallisuuden hetkellisyys ei vahingoita häntä. Nöyrässä ihmisessä kaikki oman voiton ja itseihailun ajatukset vähenevät ja vähitellen katoavat. Pyhissä kirjoituksissa sanotaan: "Kun tämä 'minä' kuolee, silloin tiedän kuka Minä olen." Kun ego kaikkoaa, sielu – sisimmässämme nukkuva Jumalan kuva – pystyy vihdoin heräämään ja ilmaisemaan itseään. Tällöin kilvoittelija ilmentää elämässään kaikkia jumalallisia sielunlaatuja ja on ainiaaksi vapautettu *mayan* tietämättömyydestä – maailman harhasta – johon kaikki Jumalan luomakunnan draamassa näyttelevät olennot on tuomittu.

Siispä muista: arvostus johtaa syvään kunnioitukseen, jota seuraa nöyryys. Kun kilvoittelija kehittää näitä laatuja, hän alkaa kiitää kohti hengellisen etsintänsä Päämäärää.

Uskon olemus

Guru–oppilas-suhde kehittää *chelan* uskoa. Maailma, jossa elämme, perustuu suhteellisuudelle; siksi se on epävakaa. Emme tiedä, onko kehomme huomenna terve tai sairauden runtelema. Emme tiedä ovatko rakkaamme, jotka tänään ovat kanssamme, vielä huomennakin täällä, vai otetaanko heidät jo huomenna meiltä pois. Emme tiedä rikkooko sota rauhan, josta tänään nautimme. Tällainen tietämättömyys synnyttää paljon epävarmuutta. Siksi nykyään on niin paljon mielen sairautta, niin paljon levottomuutta. Siitä seuraa myös sokea takertuminen aineelliseen omaisuuteen. Haluamme korkeampaa asemaa, enemmän nimeä ja mainetta, enemmän rahaa. Haluamme isomman talon, lisää vaatteita, uuden auton. Uskomme näiden kaikkien tuovan turvallisuutta pelottavassa ja epävarmassa maailmassa. Takerrumme mitättömiin esineisiin ja asioihin ja teemme niistä jumalia itsellemme.

Oikea usko syntyy totuuden ja todellisuuden *kokemisesta,* välittömästä tiedosta ja varmuudesta, että jumalalliset voimat ylläpitävät koko luomakuntaa. Koemme turvattomuutta, koska meillä ei ole tällaista uskoa. Jeesus Kristus sanoi: "Totisesti minä sanon teille: jos teillä olisi uskoa sinapinsiemenenkään verran, te voisitte sanoa tälle vuorelle: 'Siirry täältä tuonne', ja se siirtyisi, eikä mikään olisi teille mahdotonta" (Matt. 17:20).

Meillä ei ole uskoa, koska meidän on vaikea uskoa siihen, "mikä ei näy". Tosiasia on, että emme voi uskoa, ennen kuin koemme elämässämme jotain, mikä ei petä meitä. Guru–oppilas-suhde johtaa meidät tällaiseen varmuuteen. Oppilas näkee gurussa Jumalan edustajan: guru elää jumalallisten periaatteiden mukaan; hänen elämänsä todistaa Jumalan hengestä; hän on sen ruumiillistuma "mikä ei näy".

Guru on myös ehdottoman jumalallisen rakkauden ilmentymä. Hänen rakkautensa meitä kohtaan on ikuisesti muuttumaton riippumatta siitä, mitä teemme. Oivallamme, että tähän rakkauteen voimme luottaa. Ja kun koemme tätä rakkautta päivästä päivään ja vuodesta vuoteen, luottamuksemme gurun rakkauteen voimistuu. Ymmärrämme, että Jumala on lähettänyt meille hänet, joka huolehtii meistä hetkestä hetkeen, päivästä päivään, elämästä toisensa perään – hänet, joka ei koskaan kadota meitä näkyvistään. Tällainen on guru, ja luottamuksemme häneen kukoistaa oivallettuamme hänen ykseytensä ikuisesti pysyvän, muuttumattoman Hengen kanssa.

Guru–oppilas-suhde vaatii oppilaalta täydellistä luottamusta. Guru sanoo *chelalle*: "Lapseni, jos tahdot tuntea Jumalan, jos tahdot voiman, jonka avulla voit palata Hänen luokseen, sinun täytyy kehittää uskoa Siihen, mitä et näe, Siihen, mitä et tällä hetkellä voi koskettaa, Siihen, mitä et voi tuntea aistiesi välityksellä. Sinun täytyy uskoa siihen Yhteen, jota ei nähdä, sillä Hän on ainoa Todellisuus kaiken sen takana, mikä nyt tuntuu rajallisille aisteillesi niin todelliselta."

Auttaakseen oppilasta vahvistamaan uskoaan guru sanoo: "Seuraa minua, sokeasti, jos tarpeen." Ego sumentaa käsityskykymme, mutta gurun näkökyky on täydellinen. Hänen viisauden silmänsä ovat aina avoinna. Hänelle ei ole mitään eroa eilisen, tämän päivän ja huomisen välillä. Hänen jumalalliselle käsityskyvylleen menneisyys, nykyhetki ja tulevaisuus ovat kaikki samaa. Paramahansaji sanoi usein: "Jumalan tietoisuudessa ei ole aikaa, ei tilaa; kaikki tapahtuu ikuisessa nyt-hetkessä. Ihminen näkee vain pikkuruisen silmukan ikuisuuden ketjussa, silti hän ajattelee tietävänsä kaiken." Guru on yhtä Jumalan kanssa ja hänen tietoisuutensa on riisuttu harhasta, joka hämärtää tavallisen ihmismielen; hän katsoo ikuisuuteen. Hän näkee oppilaan tämänhetkisen tilan ja sen, mihin *chela* pyrkii, sekä taistelut, jotka tämä on jo läpikäynyt monien inkarnaatioiden aikana samoin kuin esteet, jotka tätä vielä odottavat. Ainoastaan guru voi sanoa: "Tämä tie vie Jumalan luo." Vaikka oppilaan täytyy seurata sokeasti, hänen tiensä on turvallinen ja varma.

Heti *sadhanansa* alusta lähtien oppilaan täytyy kuunnella ja seurata luottaen gurua – silloinkin, kun hän ei täysin ymmärrä jotain kohtaa Gurun opetuksessa. Gurudeva saattoi toisinaan huomauttaa oppilaan alkaessa järkeillä hänen kanssaan jostain opetuksesta: "Minulla ei ole aikaa sinun logiikallesi.

Tee vain niin kuin sanoin." Alussa tämä usein tuntui *chelasta* kohtuuttomalta. Mutta ne, jotka tottelivat kyselemättä, kokivat tämän kaltaisen koulutuksen hyödyn. Noudata gurun opetuksia, sillä hän ymmärtää ja hän tietää. Hän johdattaa sinua sisäisesti, kun tarkasti ja halukkaasti noudatat hänen ohjeitaan. Luottamus guruun tekee hänet kykeneväksi ravitsemaan oppilaansa kaikkivoipaa uskon voimaa.

Sen ansiosta, että meillä on guru, joka voi antaa meille turvan Jumalassa ja jonka käteen voimme tarttua luottaen, että hän johdattaa meidät turvallisesti läpi *mayan* pimeyden, alamme kehittää Jumalan tuntemiseksi välttämätöntä uskoa.

Gurun apu

Guru auttaa oppilasta lukemattomin tavoin. Ehkä kaikkein merkittävintä on se, että hän inspiroi *chelaa* jumalallisten ominaisuuksiensa esimerkillä. Hän on "hiljaisen Jumalan puhuva ääni"[6] ja korkeimman viisauden ja puhtaimman rakkauden ruumiillistuma. Hän ilmentää Jumalaa heijastavia sielunlaatuja. Hän on tien ja Päämäärän tunnuskuva. Kristus sanoi: "Minä olen tie ja totuus ja elämä" (Joh. 14:6). Guru on tie. Hän on ylevin esimerkki

---

[6] Paramahansa Yoganandan kiitollisuuden tunnustuksesta gurulleen Swami Sri Yukteswarille *Whispers from Eternity* -kirjassa, joka on Self-Realization Fellowshipin julkaisema.

oppilailleen antamasta *sadhanasta*. Hän osoittaa Totuuden jumalalliset lait ja opettaa, kuinka niitä tulee soveltaa Jumalan oivaltamiseksi. Hän antaa *chelalle* hengellistä innoitusta ja kestävyyttä seurata tietä, joka johtaa ikuiseen elämään Jumalassa.

Aloitteleva oppilas saattaa järkeillä: koska guru on jumalallinen, *chela* ei voi toivoa yltävänsä samaan kuin hän. Paramahansa Yogananda pyysi erästä aloittelijaa suorittamaan tehtävän, jota tämä piti itselleen ylivoimaisena. Oppilas vastusteli sanoen, ettei pysty tekemään sitä. Paramahansajin vastaus oli nopea ja painokas.

"*Minä* osaan tehdä sen!"

"Mutta, Gurudeva, *Te* olette Yogananda. Te olette yhtä Jumalan kanssa." Oppilas odotti Paramahansajin sanovan: "Kyllä, olet oikeassa. Se vie aikaa. Lopulta onnistut."

Mutta Gurudeva vastasi: "Sinun ja Yoganandan välillä on vain yksi ero. *Minä* ponnistelin; nyt *sinun* täytyy ponnistella!"

Kahta lausahdusta Paramahansaji ei koskaan sallinut kouluttamiltaan oppilailta: "en osaa" ja "en tahdo". Hän vaati, että ollaan halukkaita yrittämään.

"Elämä on kuin nopeasti virtaava joki", Paramahansaji sanoi usein. "Jumalaa etsiessäsi uit maallisten pyrkimysten virtaa vastaan; tuo virtaus tempaa mielesi rajoittuneen aineellisen- ja aistitietoisuuden puoleen. Sinun täytyy ponnistella joka hetki uidaksesi ylävirtaan. Jos rentoudut, voimakas harhan virta vie sinut mennessään. Kilvoittelusi täytyy olla jatkuvaa."

Veda-kirjoissa kerrotaan, että oppilaan hengellinen ponnistelu muodostaa vain kaksikymmentäviisi prosenttia siitä hengellisestä voimasta, joka vaaditaan hänen sielunsa pääsemiseksi takaisin Jumalan luo. Kaksikymmentäviisi prosenttia lisää tulee gurun siunauksista. Jumalan armo lahjoittaa jäljelle jäävät viisikymmentä prosenttia. Näin kilvoittelijan osuus on yhtä suuri kuin gurun, ja Jumala tekee yhtä paljon kuin guru ja oppilas yhteensä. Vaikka oppilaan ponnistus on vain yksi neljäsosa kokonaisuudesta, hänen täytyy jatkaa ja tehdä osansa kokonaan eikä odottaa ensin saavansa Jumalan ja gurun siunaukset. Kun kilvoittelija parhaansa mukaan ponnistellen tekee osansa, gurun siunaukset ja Jumalan armo tulevat hänelle automaattisesti.

Guru auttaa oppilasta myös ottamalla kantaakseen ison osan tämän karman[7] taakasta. Hän voi myös, Jumalan kehotuksesta, ottaa itselleen osan ihmiskunnan joukkokarmasta.

"Ihmisen poika ei tullut palveltavaksi, vaan palvelemaan, ja antamaan elämänsä lunnaiksi monien puolesta" (Matt. 20:28). Jeesus antoi ristiinnaulita

---

[7] Menneiden tekojen vaikutukset tässä tai edellisessä elämässä. Sanskritinkielisestä sanasta *kri*, "tehdä". Katso sanastoa.

ruumiinsa ottaakseen osan opetuslastensa yksilöllisestä karmasta ja osan ihmiskunnan joukkokarmasta. Näimme usein Paramahansa Yoganandan toteuttavan samaa kykyä. Toisinaan hänen parannettuaan jonkun henkilön tämän sairauden oireet ilmenivät jonkin aikaa hänen omassa kehossaan. Korean sodan aikana hänen ollessaan *samadhi*-tilassa, hän huusi kivusta, koska hän kärsi haavoittuneiden ja kuolevien sotilaiden kanssa taistelukentällä.

Täydellisyyden peili

Guru toimii myös peilinä heijastaen oppilaan luonnekuvaa. Kun oppilas on sanonut: "Tahdon Jumalan", hän asettaa itsensä täydellisyyden tielle, sillä oivaltaakseen Jumalan hänen on jälleen tuotava ilmi sisäisen sielunsa täydellisyys. Hänen täytyy poistaa ego ja sen vaikutus ajatteluunsa ja tekoihinsa. Kun oppilas seisoo gurun peilin edessä kunnioittaen, hänelle omistautuen, häneen luottaen, kuuliaisena ja hänelle antautuen, tämä peili näyttää hänelle kaikki hänen henkilökohtaiset puutteellisuutensa ja heikkoutensa, jotka estävät häntä saavuttamasta Päämäärää.

Vaikka Paramahansaji näki vikamme ja suoraan huomautti niistä vastaanottavaisille oppilaille, hän ei koskaan keskittynyt niihin. Vain silloin kun hänen täytyi oikaista oppilasta tämän hengellisen elämän edistämiseksi, hän saattoi mainita niistä.

Pääasiallisesti hän keskittyi jokaisen hyviin ominaisuuksiin. Kun hän nuhteli jotakuta, hän saattoi lisätä: "Tutkiskele itseäsi ymmärtääksesi heikkoutesi luonteen, syyn ja vaikutuksen, äläkä sen jälkeen enää ajattele sitä. Älä keskity heikkouteen, vaan sen sijaan sen vastakohdan, hyvän ominaisuuden, harjoittamiseen ja ilmaisemiseen."

Niinpä jos olet epäilysten vallassa, sinun tulisi pyrkiä harjoittamaan uskoa. Jos olet levoton, vahvista ja harjoita rauhaa: "Jos sinulta puuttuu jokin hyve, omaksu se itsellesi."[8]

Kuinka seurata gurua

Oppilaan täytyy opetella seuraamaan gurua jäljittelemällä hänen esimerkkiään ja harjoittamalla uskollisesti hänen antamaansa *sadhanaa*. Yrittäessään aluksi noudattaa gurun ohjeita oppilas ei täysin pysty siihen, mutta hänen täytyy jatkaa yrittämistä kunnes onnistuu.

Niille, jotka ovat Self-Realization Fellowshipin polulla, gurun seuraaminen tarkoittaa jokapäiväisen tieteellisen meditaation kyllästämistä antaumuksella ja meditaation tasapainottamista oikealla toiminnalla. Kuten Paramahansaji opetti meille *Bhagavadgitasta*, oikeassa toiminnassa pidämme

---

[8] *Hamlet, näytös 3, kohtaus IV.*

Jumalan mielessämme ja toimimme ilman halua tekojen hedelmiin, vailla odotuksia toiminnan tuloksista itsellemme, ainoana pyrkimyksenämme Jumalan miellyttäminen.

Jotkut ajattelevat, että elämä gurun seurassa tarkoittaa päivien viettämistä hänen jalkojensa juuressa, meditoimista autuaassa *samadhissa* ja hänen viisauden sanojensa omaksumista. Meidän saamamme opetus gurultamme, Paramahansa Yoganandalta, ei ollut tällaista. Olimme hyvin aktiivisia ja usein täysin antautuneet palvelemiseen. Gurudeva oli väsymätön Jumalaa ja ihmiskuntaa varten tekemässään työssä; esimerkillään hän opetti meille täydellistä omistautumista. Olla hengellinen tarkoittaa itsensä ja itsekkyytensä kumoamista. Jos hän teki koko yön töitä, niin mekin teimme. Gurudevan rajaton rakkaus ihmiskuntaa kohtaan sai toiminnallisen ilmauksen hänen väsymättömässä palvelussaan. Kuitenkin hän jatkuvasti muistutti meitä, että tasapainottaisimme tätä toimintaa syvällä meditaatiolla, joka johtaa yhteyteen Jumalan kanssa ja Itse-oivallukseen.

"Opetukset ovat guru"

"Kun olen poissa", Paramahansaji sanoi, "opetukset ovat guru. Ne, jotka uskollisesti seuraavat tätä Itse-oivalluksen polkua ja harjoittavat näitä opetuksia, saavuttavat yhteyden minuun ja Jumalaan ja paramguruihin,[9] jotka lähettivät tämän työn." Self-Realization Fellowshipin opetuksista löytyy kaikki se opetus ja innoitus, joka on tarpeen, jotta voimme luottavaisin mielin seurata Jumalan luo johtavaa polkua. Jokaisen Self-Realization Fellowshipin oppilaan tulisi lakkaamatta pyrkiä elämään Gurudevan ohjeiden mukaan. Hänen opetuksensa ovat käyttökelpoisia kaikissa elämämme tilanteissa. Ne eivät saa olla meille pelkkää filosofiaa, vaan elämäntapa. Ne, jotka elävät Paramahansajin opetusten mukaan, tuntevat täysin tämän totuuden: oppilas ja guru eivät ole erillään toisistaan. Olipa guru fyysisessä muodossa, tai jättänyt tämän maailman asuakseen astraali- tai kausaalimaailmassa, tai tuolla puolen Hengessä, hän on aina häneen virittyneen oppilaan lähellä. Tämä virittyneisyys johtaa pelastukseen. Ollen yhtä Jumalan kanssa todellinen guru on kaikkivoipainen. Hän voi kurottautua alas taivaasta auttaakseen oppilasta oivaltamaan Jumalan. Tämä hengellinen apu on gurun pyhä ja ikuinen lupaus. Suuri on sen oppilaan onni, joka on johdatettu oikean gurun luo. Ja vielä

---

[9] Kirjaimellisesti "takana olevat gurut"; tässä tapauksessa Swami Sri Yukteswar (Paramahansa Yoganandan guru), Lahiri Mahasaya (Sri Yukteswarin guru) ja Mahavatar Babaji (Lahiri Mahasayan guru).

suurempi hänen onnensa on, jos hän vilpittömästi pyrkii täydellisyyteen olemalla kuuliainen ja aidosti omistautunut gurun opetuksille.

Gurun ja oppilaan suhde on ikuinen

Guru on kaikkialla läsnä oleva. Hänen apunsa, ohjauksensa, ja opetuksensa vallitsevat, ei ainoastaan sen lyhyen ajanjakson verran, jolloin hän elää maan päällä, vaan ainiaan. Kuinka usein gurumme sanoikaan: "Monia uskollisia oppilaita on tullut elämäni aikana. Tunnistan heidät menneistä elämistä. Ja paljon useampia on vielä tulossa. Tunnen heidät. He tulevat sen jälkeen, kun olen jättänyt kehoni." Guru ei lakkaa auttamasta vilpittömiä seuraajiaan jätettyään kehonsa. Jos apu silloin lakkaisi, hän ei olisi oikea guru. Oikean gurun tietoisuus on ikuinen: aina valvova, aina opastava, yhtämittainen; elämän ja kuoleman porttien aukeaminen ja sulkeutuminen ei vaikuta hänen tietoisuuteensa. Hänen tietoisuutensa oppilaasta ja yhteytensä tähän pysyvät muuttumattomina.

Eräänä päivänä Paramahansaji viittasi gurun ikuiseen vastuuseen puhuessaan ajasta, jolloin hän ei enää olisi kanssamme fyysisesti: "Muistakaa aina, että kun jätän tämän kehon, en enää voi puhua teille tällä äänellä, mutta olen selvillä jokaisesta ajatuksestanne ja jokaisesta tekemästänne teosta."

Kuten Jumala on kaikkiallinen, samoin guru on kaikkiallinen. Hän tietää, mitä on jokaisen kilvoittelijan mielessä ja sydämessä. "En koskaan astu niiden elämään, jotka eivät sitä toivo", Paramahansaji sanoi, "mutta niiden luona, jotka ovat antaneet minulle tämän oikeuden ja jotka etsivät ohjaustani, olen aina. Tietoisuuteni on yhteydessä heihin. Olen tietoinen jopa heidän pienimmästäkin tietoisuudenvärähtelystään."

Silloinkin kun Gurudeva oli fyysisesti kanssamme, hän neuvoi meitä, ettemme tulisi riippuvaisiksi hänen persoonallisuudestaan, vaan että ennemminkin pyrkisimme mielen tasolla ja tietoisuudessamme sopusointuun hänen kanssaan. Hän toimi ajatuksiemme ja tietoisuudentilamme kanssa. Tästä yhteen virittäytymisestä johtuen ei ole eroa, onko Gurudeva läsnä fyysisesti vai ei. Hän on alituisesti kanssamme.

Tässä viidennessäkymmenennessä vuotuisessa maailmankokouksessa, konvokaatiossa, joukossamme on satoja monista maailman kolkista saapuneita, jotka eivät tavanneet Paramahansajia hänen elinaikanaan. Kuitenkin näette, kuinka jokainen teistä on hyötynyt Gurudevan opetuksista omassa hengellisessä etsinnässään! Olette saaneet hänen siunauksensa, koska hän on kaikkialla läsnä oleva ja koska olette saattaneet itsenne vastaanottavaisiksi antaumuksellanne, harjoittamalla hänen opetuksiaan ja uskollisuudellanne hänen perustamaansa instituutiota kohtaan. Nämä hyvät teot ja ominaisuudet ovat antaneet teille oppilaille hengellisen yhteyden Paramahansa Yoganandan, gurun, kanssa.

Gurun antama *diksha*

Guru–oppilas-suhde on muodollisesti vahvistettu Jumalan siunauksella oppilaan vastaanottaessa *dikshan,* initiaation eli hengellisen kasteen, gurulta tai gurun perustaman väylän kautta. Initiaatiossa oppilaan ja gurun välillä vallitsee molemminpuolinen pyyteetön ja ikuinen rakkaus ja uskollisuus. Yhdysside syntyy oppilaan sitoutuessa omistautumaan gurulle ja seuraamaan häntä uskollisesti ja gurun luvatessa johdattaa oppilaan Jumalan luo.

Gurun lahjana antama hengellinen tekniikka, joka on oppilaan keino saavuttaa pelastus ja jota oppilas lupaa harjoittaa ahkerasti, muodostaa osan *dikshaa.* Self-Realization Fellowshipissä *diksha* on *kriya*-jooga, joka annetaan muodollisessa initiaatioseremoniassa tai – jos se ei ole oppilaalle mahdollista – *bidwatissa* eli ilman juhlamenoja.

Jopa hengellisesti hyvin voimakkaasti vaikuttavan tekniikan, kuten *kriya*-joogan, harjoittamisesta puuttuu olennainen tekijä ilman guru–oppilas-suhteen tuomaa siunausta. Guru esittelee selkeästi edellytykset, jotka vaaditaan kilvoittelijalta, että hänet hyväksytään oppilaaksi. Siksi initiaatio tulee vastaanottaa niin, että nämä ehdot täyttyvät, ja näin initiaatio liittää oppilaan heti yhteen gurun kanssa. Silloin tämän suhteen synnyttämä hengellinen voima alkaa toimia oppilaan elämässä.

Intialainen suuri runoilija-pyhimys Kabir lauloi gurun ylistykseksi seuraavin sanoin:

Guruni armosta

olen saanut tuntea tuntemattoman,

häneltä olen oppinut, miten kävellä ilman jalkoja,

nähdä ilman silmiä, kuulla ilman korvia,

juoda ilman suuta, lentää ilman siipiä.

Rakkauteni ja meditaationi

olen tuonut maahan, jossa ei ole aurinkoa, ei kuuta, ei päivää ei yötä.

Syömättä olen maistanut nektarin makeuden, ja vailla vettä sammuttanut janoni.

Missä on ilon kaiku, siellä on riemun täyteys.

Kenen edessä tämän riemun saa ilmaista?

Kabir sanoo: Gurun suuruutta ei voi sanoin ilmaista, ja suuri on oppilaan hyvä onni.

Kirjoittajasta

Sri Mrinalini Mata on yksi niistä, jotka Paramahansa Yogananda henkilökohtaisesti valitsi ja koulutti jatkamaan järjestönsä toimintaa poismenonsa jälkeen. Sri Mrinalini Mata on toiminut Self-Realization Fellowshipin/Yogoda Satsanga Society of Indian presidenttinä ja hengellisenä johtajana vuodesta 2011 alkaen. Hän on yli 60 vuoden ajan omistautunut pyyteettömästi Paramahansa Yoganandan työlle.

Self-Realization Fellowshipin temppelissä San Diegossa tuleva Mrinalini Mata tapasi ensi kerran Paramahansa Yoganandan vuonna 1945. Hän oli tuolloin neljätoista-vuotias. Vain muutamaa kuukautta myöhemmin hänen toiveensa omistaa elämänsä Jumalan etsimiseen ja palvelemiseen toteutui. Vanhempiensa luvalla hän tuli nunnaksi Self-Realization-sääntökuntaan Sri Yoganandan Encinitasissa, Kaliforniassa, sijaitsevaan ashramiin.

Seuraavien vuosien aikana (aina Gurun poismenoon,

vuoteen 1952 asti) Paramahansaji omisti päivittäisessä kanssakäymisessään runsaasti huomiota tämän nunnan hengelliseen koulutukseen. (Nuori nunna suoritti myös loppuun muodollisen koulutuksensa paikallisissa kouluissa.) Paramahansaji antoi hänelle – hänen luostarissa viettämistään varhaisimmista vuosista lähtien – tunnustusta ja puhui avoimesti toisille oppilaille hänen tulevasta roolistaan ja antoi hänelle henkilökohtaista opetusta kirjoitustensa ja puheidensa julkaisukuntoon saattamiseksi poismenonsa jälkeen.

Mrinalini Mata (nimi viittaa lootuksen kukkaan, jota pidetään Intiassa perinteisesti puhtauden ja hengellisen kehityksen symbolina) on toiminut monia vuosia Self-Realization Fellowshipin kirjojen, opetuskirjeiden ja aikakausijulkaisujen päätoimittajana.

Niihin teoksiin, jotka on julkaistu hänen ponnistustensa tuloksena, kuuluu Paramahansa Yoganandan mestarillinen kommentaari neljään evankeliumiin (*The Second Coming of Christ: The Resurrection of the Christ Within You*), arvostelijoiden ylistämä *Bhagavadgitan* käännös ja kommentaari (*God Talks With Arjuna*), useita runoteoksia ja innoittavia kirjoituksia sekä kolme pitkää koottujen puheiden ja esseiden antologiaa.

Mrinalini Matan puheita CD-äänitteinä

Living in Attunement with the Divine

Look Always to the Light

The Guru: Messenger of Truth

If You Would Know the Guru

The Interior Life

*The Yoga Sadhana That Brings
God's Love and Bliss*

Paramahansa Yogananda
(1893–1952)

"Jumalan rakastamisen ja ihmiskunnan palvelemisen ihanteet toteutuivat täysimittaisesti Paramahansa Yoganandan elämässä. – – Vaikka hän vietti suurimman osan elämästään Intian ulkopuolella, hän kuuluu suurten pyhimystemme joukkoon. Hänen työnsä jatkaa kasvuaan loistaen yhä kirkkaammin ja kutsuen ihmisiä kaikkialla Hengen pyhiinvaellustielle."

–Intian hallituksen kunnianosoituksesta sen julkaistessa juhlapostimerkin Paramahansa Yoganandan kunniaksi.

Paramahansa Yogananda syntyi Intiassa tammikuun viidentenä päivänä 1893. Hän omisti elämänsä kaikenrotuisten ja eri uskontoja tunnustavien ihmisten auttamiseen, jotta he voisivat oivaltaa yhä kirkkaammin ihmishengen todellisen kauneuden, jalouden ja jumalallisuuden sekä pystyisivät ilmentämään sitä omassa elämässään.

Suoritettuaan akateemisen lopputikinnon Kalkutan yliopistossa 1915 Sri Yogananda liittyi juhlallisella munkkilupauksella Intian kunnioitettuun svami-munkkikuntaan. Kaksi vuotta myöhemmin hän aloitti elämäntyönsä perustamalla "kuinka elää" -koulun – siitä on sittemmin muodostunut seitsemäntoista oppilaitosta eri puolille Intiaa. Koulussa opetettiin perinteisten akateemisten aineiden lisäksi joogaa ja hengellisiä ihanteita. Vuonna 1920 hänet kutsuttiin Intian edustajaksi Bostoniin Uskontoliberaalien kansainväliseen kongressiin. Hänen kongressiesitelmänsä ja sen jälkeiset luentonsa itärannikolla saivat innostuneen vastaanoton, ja vuonna 1924 hän aloitti koko mantereen yli ulottuvan puhematkan.

Seuraavien kolmenkymmenen vuoden aikana Paramahansa Yogananda edisti kauaskantoisella tavalla idän hengellisen viisauden ymmärtämistä ja arvostusta läntisessä maailmassa. Hän muodosti Los Angelesiin kansainvälisen päämajan vuonna 1920 perustamalleen uskontokuntien rajat ylittävälle uskonnolliselle Self-Realization Fellowship -järjestölle. Kirjoituksillaan, laajoilla luentomatkoillaan ja luomalla lukuisia Self-Realizationin temppeleitä ja meditaatiokeskuksia hän tutustutti tuhannet totuuden etsijät muinaiseen joogatieteeseen ja -filosofiaan ja sen universaalisti käyttökelpoisiin meditaatiotekniikoihin.

Tänään Paramahansa Yoganandan aloittama hengellinen ja humanitaarinen työ jatkuu hänen lähimpiin oppilaisiinsa lukeutuvan ja Self-Realization Fellowship/Yogoda Satsanga Societyn nykyisenä presidenttiä toimivan Sri Mrinalini Matan ohjauksessa. Järjestö julkaisee Paramahansa Yoganandan luentoja, kirjoituksia, vapaamuotoisia puheita (samoin kuin laajaa opetuskirjesarjaa kotiopiskelua varten) sekä julkaisutoiminnan lisäksi johtaa eri puolilla maailmaa toimivia temppeleitä, retriittejä ja keskuksia, Self-Realization-luostariyhteisöjä sekä maailmanlaajuista rukouspiiriä.

Sri Yoganandan elämää ja työtä käsittelevässä artikkelissaan Scripps Collegen muinaisten kielten professori tri Quincy Howe Jr. kirjoitti: "Paramahansa Yogananda toi länteen, ei vain Intian ikiaikaista lupausta Jumalan oivaltamisen mahdollisuudesta, vaan myös käytännöllisen menetelmän, jonka avulla kaikki hengelliset etsijät voivat edistyä nopeasti kohti tuota päämäärää. Alun perin Intian hengellistä perintöä arvostettiin lännessä ainoastaan kaikkein ylevimmällä ja abstrakteimmalla tasolla, mutta nyt se on harjoitusten ja oman kokemuksen muodossa kaikkien niiden ulottuvilla, jotka haluavat tulla tuntemaan Jumalan, ei tuonpuoleisessa vaan tässä ja nyt. – – Yogananda on tuonut korkeimmat kontemplaation menetelmät kaikkien ulottuville.

Sanasto

ashram. Hengellinen erakkomaja; monesti luostari.

astraalimaailma. Syvällinen valon ja energian maailma aineellisen maailmankaikkeuden takana. Aineellisen tason jokaisella olennolla, jokaisella kohteella, jokaisella värähtelyllä on astraalinen vastineensa, sillä astraalisessa universumissa (taivaassa) on aineellisen maailmankaikkeutemme malli. Paramahansa Yoganandan *Joogin omaelämäkerran* luvussa 43 kuvataan astraalimaailmaa ja sitä vielä korkeampaa ajatuksen kausaali- eli ideamaailmaa.

Aum (Om). Sanskritin kantasana tai alkuäänne. Se symboloi jumaluuden sitä puolta, joka luo ja ylläpitää kaikkea. Se on Kosminen Värähtely. *Vedojen Aumista* juontui tiibetiläisten pyhä sana, *Hum*, muslimien *Amin* ja egyptiläisten, kreikkalaisten, roomalaisten, juutalaisten ja kristittyjen *Amen*. Maailman suuret uskonnot selittävät, että kaikki luotu saa alkunsa *Aumin* eli Amenen, Sanan eli Pyhän Hengen kosmisesta värähtelevästä energiasta. "Alussa oli Sana, ja Sana oli Jumalan tykönä, ja Sana oli Jumala. – – Kaikki on saanut syntynsä hänen kauttaan [Sanan eli *Aumin* kautta], ja ilman häntä ei ole syntynyt mitään, mikä syntynyt on." (Joh. 1:1, 3.)

avataara. Sanskritin sanasta *avatara* ("laskeutuminen"), joka tarkoittaa Jumaluuden laskeutumista lihaan.

Sielua, joka on saavuttanut ykseyden Hengen kanssa ja joka sitten palaa maan päälle auttamaan ihmiskuntaa, kutsutaan avataaraksi.

Bhagavadgita. "Herran laulu", on osa muinaisesta intialaisesta *Mahabharata*-eepoksesta. Se esitetään avataara (q.v.) Herra Krishnan ja hänen oppilaansa Arjunan välisenä vuoropuheluna, ja se on perusteellinen tutkielma joogan tieteestä sekä ajaton ohjekirja jokapäiväiseen onnellisuuteen ja menestykseen.

Bhagavan Krishna. Avataara (q.v.) joka eli Intiassa satoja vuosia ennen kristillistä aikakautta. *Bhagavadgitassa* esitetään hänen opetuksensa joogasta (q.v.). Yksi hindulaisten kirjoitusten sanalle *Krishna* antama merkitys on "kaikkitietävä henki". Niinpä *Krishna*, kuten *Kristuskin*, on hengellinen nimitys, joka tuo julki avataaran jumalallisen suuruuden – hänen ykseytensä Jumalan kanssa. (Katso *Kristus-tietoisuus*)

guru. Hengellinen opettaja. *Gurugita* (säe 17) kuvaa gurua osuvasti "pimeyden karkottajaksi" (*gu* tarkoittaa "pimeyttä" ja *ru* "sitä, mikä karkottaa"). Vaikka sanaa *guru* käytetään usein väärin viittaamaan keneen tahansa opettajaan tai opastajaan, aito Jumalan valaisema guru on sellainen, joka on itsensä hallitsemisen saavutettuaan oivaltanut samuutensa kaikkiallisen Hengen kanssa. Hän on ainutlaatuisesti pätevä johdattamaan toisia heidän sisäisellä matkallaan kohti jumalallista oivallusta. Lähin englanninkielinen sana, joka vastaa gurua on *Master* (*Mestari*). Paramahansa Yoganandan oppilaat kutsuivat häntä kunnioittavasti tällä nimellä puhutellessaan häntä tai viitatessaan häneen.

hengellinen silmä. Intuition ja hengellisen oivaltamisen "yksi" tai "yksittäinen silmä" Kristus (*Kutastha*) -keskuksessa (*q.v.*) kulmakarvojen välissä. Hengellinen silmä on sisäänkäynti tietoisuuden korkeampiin tiloihin. Syvän meditaation aikana tämä "yksi silmä" eli hengellinen silmä tulee näkyviin kirkkaana tähtenä, jota ympäröi sinisen valon kehä, jota vuorostaan ympäröi loistava kultainen valokehä. Kirjoituksissa viitataan usein tähän kaikkitietävään silmään kolmantena silmänä, Idän tähtenä, sisäisenä silmänä, taivaasta laskeutuvana kyyhkysenä, Shivan silmänä ja intuition silmänä. "Jos silmäsi on 'yksi', niin koko sinun ruumiisi on valaistu" (Matt. 6:22; jakeen käännös noudattaa SRF:n kirjoissa käytettyä King James -raamatunkäännöstä. *Suomentajan huomautus*)

Itse. Kirjoitettuna isolla alkukirjaimella Itse viittaa *atmaniin* eli sieluun, ihmisessä olevaan jumalalliseen olemukseen, joka erotetaan tavallisesta itsestä eli ihmisen persoonallisuudesta eli egosta. Itse on yksilöllistynyt Henki, jonka olennainen luonne on aina olemassaoleva, aina tietoinen, aina uusi Autuus.

Itse-oivallus. Oman todellisen identiteetin oivaltaminen Itseksi, yhdeksi universaalin Jumalan tietoisuuden kanssa. Paramahansa Yogananda kirjoitti: "Itse-oivallus on sen tietämistä" – kehossa, mielessä ja sielussa – että olemme yhtä Jumalan kaikkiallisuuden kanssa; että meidän ei tarvitse enää rukoilla yhtymistä siihen ja että emme ole ainoastaan koko ajan lähellä sitä, vaan että Jumalan kaikkiallisuus on meidän kaikkiallisuuttamme; että olemme juuri niin paljon osa Häntä nyt kuin tulemme koskaan olemaan. Meidän on ainoastaan syvennettävä ymmärrystämme ja kokemistamme."

jooga. Sana *Yoga* (Sanskritin sanasta *yuj*, "yhdistyminen") tarkoittaa yksittäisen sielun yhdistymistä Henkeen ja myös niitä menetelmiä, joiden avulla tämä päämäärä saavutetaan. Joogajärjestelmiä on lukuisia. Paramahansa Yoganandan opettama jooga on *raja*-joogaa, joka on "kuninkaallinen" eli täydellinen jooga. Se opettaa harjoittamaan tieteellisiä meditaatiomenetelmiä. Viisas Patanjali, joogan etevin muinainen edustaja, on hahmotellut kahdeksan määrättyä askelmaa, joilla *raja*-joogi saavuttaa *samadhin* eli yhdistymisen Jumalaan. Ne ovat: (1) *yama*, moraalinen käytös, (2) *niyama*, uskonnollisten sääntöjen noudattaminen, (3) *asana*, oikea asento kehon levottomuuden rauhoittamiseksi, (4) *pranayama, pranan,* syvällisten elämänvirtausten, hallinta, (5) *pratyahara*, sisäistyminen, (6) *dharana*, keskittyminen, (7) *dhyana*, meditaatio ja (8) *samadhi*, ylitietoinen kokemus.

jälleensyntyminen. Paramahansa Yoganandan *Joogin*

omaelämäkerrassa luvussa 43 löytyy pohdintaa jälleensyntymisestä. Niin kuin siinä kerrotaan, karman (q.v.) lain vaikutuksesta menneet tekomme saattavat liikkeeseen tekojen vaikutukset, jotka vetävät meidät takaisin tälle aineelliselle tasolle. Perättäisten syntymien ja kuolemien kautta palaamme toistuvasti maan päälle läpikäydäksemme täällä ne kokemukset, jotka ovat menneiden tekojen hedelmiä sekä jatkaaksemme hengellisen kehityksen prosessia, joka johtaa lopulta oivallukseen sielun myötäsyntyisestä täydellisyydestä ja ykseydestä Jumalan kanssa.

karma. Menneiden, tässä tai edellisissä elämissä tehtyjen tekojen seuraukset. Karman laki koskee toimintaa ja vastavaikutusta, syytä ja seurausta, kylvämistä ja korjaamista. Ajatustensa ja tekojensa kautta ihmisestä tulee oman kohtalonsa muokkaaja. Kaikkien niiden energioiden, jotka hän on pannut liikkeelle, viisaasti tai epäviisaasti, on palattava häneen, lähtökohtaansa, ikään kuin kyse olisi vääjäämättä täydentyvästä ympyrästä. Yksilön karma seuraa häntä inkarnaatiosta toiseen, kunnes se on joko täytetty tai voitettu hengellisesti. (Katso *jälleensyntyminen*)

Kosminen tietoisuus. Absoluutti; Henki, joka on luomakunnan tuolla puolen. Myös *samadhi*-meditaation tila, jossa ollaan yhtä sekä värähtelevän luomakunnan ulko- että sisäpuolella olevan Jumalan kanssa.

Krishna. Katso *Bhagavan Krishna*.

Kristus-keskus. Kulmakarvojen välisessä kohdassa sijaitseva keskittymisen ja tahdon keskus. Kristus-tietoisuuden ja hengellisen silmän (q.v.) tyyssija.

Kristus-tietoisuus. Jumalan itsestään heijastama tietoisuus, joka on läsnä kaikkialla luomakunnassa. Kristillisissä kirjoituksissa "ainokainen Poika", Isän Jumalan ainoa puhdas heijastuma luomakunnassa; hindulaisissa kirjoituksissa *Kutastha Chaitanya*, kaikkialla luomakunnassa läsnä olevan Hengen universaali kosminen äly. Jeesus, Krishna ja muut avataarat ilmensivät juuri tätä universaalia tietoisuutta, ykseyttä Jumalan kanssa. Suuret pyhimykset ja joogit tuntevat sen *samadhi*-meditaation (q.v.) tilana. Siinä heidän tietoisuutensa on samaistunut jumalalliseen intelligenssiin, joka on läsnä jokaisessa luomakunnan hiukkasessa; he kokevat koko universumin omana kehonaan.

kriya-jooga. Pyhä hengellinen tiede, joka on peräisin vuosituhansien takaa Intiasta. Yksi *raja-* ("kuninkaallinen" tai "täydellinen") joogan muoto. Se käsittää edistyneitä meditaatiomenetelmiä, joiden harjoittaminen johtaa suoraan henkilökohtaiseen kokemukseen Jumalasta. *Joogin omaelämäkerran* luvussa 26 kerrotaan *kriya*-joogasta ja sitä opetetaan niille *Self-Realization Fellowshipin opetuskirjeiden* opiskelijoille, jotka täyttävät erinäiset hengelliset vaatimukset.

maya. Luomakunnan rakenteen sisäinen harhavoima, joka saa Ykseyden näyttäytymään moninaisuutena. *Maya* on suhteellisuuden, käänteisyyden, vastakohtien, dualismin ja vastakkaisten tilojen periaate; se on Vanhan testamentin profeettojen "Saatana" (kirjaimelliselta merkitykseltään heprean kielessä "vastustaja"). Paramahansa Yogananda kirjoitti: "Sanskritin sanan *maya* merkitys on 'mittaaja'. *Maya* on luomakunnan taikavoima, jonka takia Mittaamattomassa ja Jakamattomassa ilmenee näennäisesti rajoja ja erillisyyttä. – – Jumalan suunnitelmassa ja leikissä (*lila*) Saatanan eli *mayan* yksinomainen tehtävä on yrittää suistaa ihminen Hengestä aineeseen, Todellisuudesta epätodellisuuteen. – – *Maya* on luonnon katoavaisuuden huntu – – huntu, joka kunkin ihmisen on nostettava nähdäkseen sen takana olevan Luojan, pysyvän, muuttumattoman ja ikuisen Todellisuuden."

paramahansa. Hengellinen arvonimi, joka ilmaisee jatkuvan Jumala-yhteyden korkeimman tilan saavuttamisen. Vain todellinen guru voi suoda tämän arvonimen edistyneelle oppilaalleen. Swami Sri Yukteswar antoi sen Paramahansa Yoganandalle vuonna 1935.

samadhi. Hengellinen ekstaasi, ylitietoinen kokemus, perimmiltään ykseys Jumalan kanssa kaikkiallisena korkeimpana Todellisuutena.

Self-Realization Fellowshipin julkaisuja

Saatavana kirjakaupoista tai suoraan kustantajalta:

Self-Realization Fellowship
3880 San Rafael Avenue
Los Angeles, California 90065-3219, U.S.A.
Puh +1 323 225-2471 • Fax +1 323 225-5088

www.yogananda-srf.org

Paramahansa Yoganandan
suomeksi käännettyjä kirjoja

Joogin omaelämäkerta

Jeesuksen jooga

Kuinka voit puhua Jumalan kanssa

Metafyysisiä meditaatioita

Miksi Jumala sallii pahuuden ja miten päästä pahan tuolle puolen

Onnistumisen laki

Paramahansa Yoganandan sanontoja

Peloton elämä

Sielun pyhäkössä

Sisäinen rauha

Uskonnon tiede

Vahvistavien parannuslauseiden tiede

Voitokas elämä

Muita Self-Realization Fellowshipin
suomeksi käännettyjä kirjoja

Swami Sri Yukteswar:
Pyhä tiede

Sri Daya Mata:
Intuitio – Sielun ohjausta elämän valintoihin

Vain rakkaus

Sri Mrinalini Mata:
Gurun ja oppilaan suhde

Sananda Lal Ghosh:
"Mejda"

Paramahansa Yoganandan
englanninkielisiä kirjoja

Autobiography of a Yogi

Autobiography of a Yogi
(Äänikirja, lukija: Sir Ben Kingsley)

The Second Coming of Christ:
The Resurrection of the Christ Within You
Inspiroitu kommentaari Jeesuksen alkuperäisistä opetuksista.

God Talks with Arjuna:
The Bhagavad Gita
Uusi käännös ja kommentaari.

Man's Eternal Quest
Paramahansa Yoganandan koottujen luentojen ja puheiden ensimmäinen osa.

The Divine Romance
Paramahansa Yoganandan koottujen luentojen, puheiden ja esseiden toinen osa.

Journey to Self-realization
Paramahansa Yoganandan koottujen luentojen ja puheiden kolmas osa.

Wine of the Mystic:
*The Rubaiyat of Omar Khayyam —
A Spiritual Interpretation*
Inspiroitu kommentaari, joka tuo päivänvaloon
jumalayhteyden mystisen tieteen
Rubaijatin arvoituksellisen kuvaston takaa.

Where There Is Light
Insight and Inspiration for Meeting Life's Challenges
Innoitusta elämän haasteiden ymmärtävään
kohtaamiseen.

Whispers from Eternity
Kokoelma Paramahansa Yoganandan rukouksia ja
jumalallisia kokemuksia korkeissa meditaatiotiloissa.

The Science of Religion

The Yoga of the Bhagavad Gita:
*An Introduction to India's Universal Science
of God-Realization*

The Yoga of Jesus:
Understanding the Hidden Teachings of the Gospels

In the Sanctuary of the Soul:
A Guide to Effective Prayer

Inner Peace:
How to Be Calmly Active and Actively Calm

To Be Victorious in Life

Why God Permits Evil and How to Rise Above It

Living Fearlessly:
Bringing Out Your Inner Soul Strength

How You Can Talk With God

Metaphysical Meditations
Yli kolmesataa hengellisesti kohottavaa meditaatiota, rukousta ja affirmaatiota.

Scientific Healing Affirmations
Paramahansa Yoganandan perusteellinen selostus vahvistavien parannuslauseiden tieteestä.

Sayings of Paramahansa Yogananda
Kokoelma Paramahansa Yoganandan lausumia ja viisaita neuvoja, hänen vilpittömiä ja rakastavia vastauksiaan niille, jotka tulivat hakemaan häneltä opastusta.

Songs of the Soul
Paramahansa Yoganandan mystistä runoutta.

The Law of Success
Selittää ne dynaamiset periaatteet, joita noudattamalla on mahdollista saavuttaa tavoitteensa elämässä.

Cosmic Chants
Kuudenkymmenen antaumuksellisen laulun sanat ja melodiat. Johdannossa Paramahansa Yogananda selittää, miten hengellinen laulu voi johtaa jumalayhteyteen.

Paramahansa Yoganandan äänitteitä

Beholding the One in All

The Great Light of God

Songs of My Heart

To Make Heaven on Earth

Removing All Sorrow and Suffering

Follow the Path of Christ, Krishna, and the Masters

Awake in the Cosmic Dream

Be a Smile Millionaire

One Life Versus Reincarnation

In the Glory of the Spirit

*Self-Realization:
The Inner and the Outer Path*

Muita Self-Realization Fellowshipin julkaisuja

Täydellinen luettelo Self-Realization Fellowship -julkaisuista sekä ääni- ja videotallenteista on saatavana pyydettäessä.

Swami Sri Yukteswar:
The Holy Science

Sri Daya Mata:
Only Love:
Living the Spiritual Life in a Changing World

Finding the Joy Within You:
Personal Counsel for God-Centered Living

Intuition:
Soul Guidance for Life's Decisions

Sri Gyanamata:
God Alone:
The Life and Letters of a Saint

Sananda Lal Ghosh:
"Mejda":
The Family and the Early Life of Paramahansa Yogananda

Self-Realization
(Paramahansa Yoganandan vuonna 1925 perustama, neljä kertaa vuodessa ilmestyvä lehti)

Self-Realization Fellowshipin opetuskirjeet

Paramahansa Yoganandan opettamia tieteellisiä meditaatiotekniikoita – *kriya*-jooga mukaan lukien – sekä ohjeita tasapainoisen hengellisen elämän kaikille alueille esitetään opetuskirjeissä, Self-Realization Fellowship Lessons. Tarkempaa tietoa löytyy ilmaiseksi saatavasta kirjasesta *"Undreamed-of Possibilities"*, jota on englanniksi, espanjaksi ja saksaksi.

Myös Self-Realization Fellowshipin julkaisema:

Paramahansa Yogananda:
Joogin omaelämäkerta

Tämä arvostettu omaelämäkerta piirtää erään oman aikamme suurimman hengellisen hahmon muotokuvan. Vangitsevalla suoruudella, kaunopuheisuudella ja älyllä Paramahansa Yogananda kertoo innoittavan elämäntarinansa: merkittävän lapsuutensa kokemukset, nuoruuden aikaiset tapaamisensa monien pyhimysten ja viisaiden kanssa kulkiessaan läpi Intian valaistunutta opettajaa etsimässä, kymmenen vuotta kestäneen koulutuksensa kunnioitetun joogamestarin luostarissa sekä kolmenkymmenen vuoden ajanjakson, jolloin hän eli ja opetti Amerikassa. Hän kertoo myös tapaamisistaan Mahatma Gandhin, Rabindranath Tagoren, Luther Burbankin, katolisen stigmaatikon Therese Neumanin sekä muiden tunnettujen hengenmiesten ja -naisten kanssa niin idässä kuin lännessäkin.

Joogin omaelämäkerta on sekä kauniisti kirjoitettu selonteko harvinaislaatuisesta elämästä että syvällinen johdatus muinaiseen joogatieteeseen ja sen kunnioitettuun meditaatioperinteeseen. Tekijä selittää selkeästi ne salaiset mutta täsmälliset lait, jotka ovat yhtä hyvin arkielämän tavallisten tapahtumien kuin harvinaisten, yleensä ihmeinä pidettyjen tapahtumien taustalla. Paramahansa Yoganandan kiehtova elämäntarina tarjoaa täten syvällisen ja unohtumattoman luotauksen inhimillisen olemassaolon perimmäisiin mystereihin.

Joogin omaelämäkerta, jota pidetään nykyajan hengellisenä klassikkona, on käännetty yli neljällekymmenelleviidelle kielelle ja sitä käytetään laajalti korkeakoulujen ja yliopistojen oppi- ja viitekirjana. Kirja on ollut pysyvä best-seller ilmestymisestään lähtien. Se on löytänyt tiensä miljoonien lukijoiden sydämiin ympäri maailman.

"Harvinainen tilitys"

— THE NEW YORK TIMES

"Kiehtova ja selkein huomautuksin varustettu kertomus"

— NEWSWEEK

"Mitään tällaista joogan esitystä ei ole aikaisemmin ollut englanniksi tai millään muullakaan eurooppalaisella kielellä."

— COLUMBIA UNIVERSITY PRESS

www.ingramcontent.com/pod-product-compliance
Lightning Source LLC
Chambersburg PA
CBHW031428040426
42444CB00006B/735